BEI GRIN MACHT SICH IHR
WISSEN BEZAHLT

Entstehungsursachen einer Drogenabhängigkeit. Modell der Sucht-Trias und das Beispiel Christiane F. aus "Wir Kinder vom Bahnhof Zoo"

GRIN☺

Bibliografische Information der Deutschen Nationalbibliothek:

Die Deutsche Nationalbibliothek verzeichnet diese Publikation in der Deutschen Nationalbibliografie; detaillierte bibliografische Daten sind im Internet über http://dnb.d-nb.de abrufbar.

ISBN: 9783346664952
Dieses Buch ist auch als E-Book erhältlich.

© GRIN Publishing GmbH
Trappentreustraße 1
80339 München

Druck und Bindung: Books on Demand GmbH, Norderstedt Germany
Gedruckt auf säurefreiem Papier aus verantwortungsvollen Quellen

Das Buch bei GRIN: https://www.grin.com/document/1239650

Facharbeit im Seminarfach:

SF11

Drogenabhängigkeit

Ätiologie der Drogenabhängigkeit am Beispiel:

„Wir Kinder vom Bahnhof Zoo"

Schuljahr 2019/2020
Abgabedatum: 30.03.2020

Inhaltsverzeichnis

1. Einleitung

Das eigene Kind verfällt einer Drogensucht. Das ist der Albtraum Millionen deutscher Eltern und Christiane F. verkörpert genau diesen Albtraum. Aktuelle Daten zu illegalen Drogen und Sucht in Deutschland belegen, dass Christiane F. kein Einzelfall ist, denn ungefähr 166.294 Deutsche sind Heroin oder Kokain abhängig (Sucht Hilfe XII/19 2019). Somit weist dieses Problem in der heutigen Gesellschaft einen äußerst hohen Stellenwert auf.

Die vorliegende Ausarbeitung verfolgt das Ziel, eine Antwort auf die Frage, was zu der Entstehung Christiane F.s Drogenabhängigkeit geführt hat zugeben. Dabei wird sich nicht nur auf die Erzählung beschränkt, sondern auch auf die Adaption bezogen und analysiert, welche Ursachen im Film angeführt werden und wie sie dargestellt sind. Somit wird nicht nur eine Basis für eine mögliche Auseinandersetzung mit Präventionsmöglichkeiten geschafft, sondern gleichzeitig auch über die Multikausalität der Ursachen einer Abhängigkeit aufgeklärt.

Weiterführend beschränkt sich diese Aufarbeitung in einem vorangestellten Theorieteil auf das sogenannten Modell der Sucht-Trias. Andere Erklärungsansätze werden hierbei nicht dargestellt, da das Sucht-Trias eines der wenigen Erklärungsansätze ist, welches sich nicht auf eine bestimmte Ursache beschränkt. Somit bietet es einen zusammenfassenden Überblick und ermöglicht die Multikausalität einer Entstehung einer Abhängigkeit zu veranschaulichen. Weiterführen, befasst sich das Modell nicht nur mit der Drogenabhängigkeit, sondern auch mit nichtabhängigen Konsumformen, wie z.B Probierkonsum, Gelegenheitskonsum etc.. Diese werden jedoch im Verlauf dieser Ausarbeitung nicht weiter berücksichtigt, da sie nicht von Relevanz sind um die Ausgangsfrage zu beantworten.

Um die Frage zu klären, was zum Entstehen einer Drogenabhängigkeit führt und konkret zu Christiane F.s Drogenabhängigkeit geführt hat, beginnt die Ausarbeitung mit einem Theorieteil. Dieser befasst sich mit der Begriffserklärung von Sucht und Abhängigkeit. Wie sich zeigt, können und werden die beiden Begriffe im Verlauf dieser Ausarbeitung jedoch synonym verwendet. Hinterhergestellt ist eine Differenzierung der Abhängigkeit in psychische Abhängigkeit und physische Abhängigkeit. Nach weitreichender Klärung der Begrifflichkeit, folgt das sogenannte Sucht-Trias, welches als ein aner kanntes Modell im Bereich der Sucht Ätiologie gilt. Hierbei wird zunächst ein allgemeiner Überblick über die Ätiologie einer Sucht gegeben und anschließend das Modell im allgemeinen vorgestellt. Daraufhin folgt eine spezifische Darstellung des Trias, welche strukturell unterteilt wird in die Ursachen im Individuum, die Ursachen in der Umwelt und die Ursachen in der Substanz. Es wird sich bei der Veranschaulichung dieser Punkte jedoch stark beschränkt, um den Umfang dieser Ausarbeitung nicht zu groß zu gestalten. Als nächstes folgt eine Darstellung der Ursachen, die in der Erzählung „Wir Kinder vom Bahnhof Zoo" aufgegriffen werden. Hierbei wird sich jedoch auf die ausschlaggebendsten Aspekte fokussiert. Im Anschluss findet eine Filmanalyse statt, welche sich auf gemeinsame Ursachen aus Buch und Adaption konzentriert. Es werden zwei Ursachen herausgearbeitet und analysiert, wie diese im Film interpretiert und dargestellt werden. Eine Ursache die angeführt wird, stellt der Auszug Christianes jüngerer Schwester da, eine andere stellt die Beziehung zu ihrem derzeitigen Freund Detlef da. Abschließend folgt ein Fazit, indem die Ergebnisse dieser Ausarbeitung zusammenfassend festgehalten werden. Weitergehend werden dort Themen genannt, mit denen man sich in einer weiterführenden Ausarbeitung befassen könnte.

2. Begriffserklärung

2.1 Sucht und Abhängigkeit

Ursprünglich wurde der Begriff „Sucht" im Jahr 1957 durch die Weltgesundheitsorganisation (WHO) definiert, als „ein Zustand periodischer oder chronischer Vergiftung, hervorgerufen durch den wiederholten Gebraucht einer natürlichen oder synthetischen Droge und gekennzeichnet durch 4 Kriterien: Ein unbezwingbares Verlangen zur Einnahme und Beschaffung des Mittels, eine Tendenz zur Dosissteigerung (Toleranzerhöhung), die psychische und meist auch physische Abhängigkeit von der Wirkung der Droge, die Schädlichkeit für den einzelnen und/oder die Gesellschaft" (Weltgesundheitsorganisation, 1994).

Lange Zeit sei der Begriff Sucht stark negativ konnotiert gewesen. So wurde Sucht mit Willensschwäche und ähnlichem verbunden. Neue medizinische Erkenntnisse hätten jedoch offenbart, dass süchtiges Verhalten eine Krankheit sei. Daher wurde der Begriff der „Sucht" im Jahr 1965 von der Weltgesundheitsorganisation von dem weltneutralen und nun politisch korrektem Begriff der „Abhängigkeit" abgelöst (ebd). Der Begriff der Abhängigkeit wird laut (WHO) folgendermaßen definiert: „Drogenabhängigkeit, ein Zustand seelischer oder seelischer und körperlicher Abhängigkeit von einer legalen oder illegalen Droge mit zentralnervöser Wirkung, der durch die periodische oder ständige wiederholte Einnahme dieser Substanz charakterisiert ist und dessen Merkmale je nach Art der eingenommenen Droge variiert." (ebd).

2.2 Psychische und physische Drogenabhängigkeit

Drogen-Wissen verdeutlicht, dass die Weltgesundheitsorganisation (WHO) in zwei Arten der Drogenabhängigkeit unterscheide. Zum einen gäbe es die psychische Drogenabhängigkeit, zum anderen die physische Drogenabhängigkeit (vgl. drogen-wissen.de 2019).

Drogen-Wissen führt aus, dass die psychische Drogenabhängigkeit ein nur schwer bezwingbares Verlangen nach der Einnahme von einer Droge sei. Der Konsum diene der Vermeidung von Unlustgefühlen oder der lustvollen Befriedigung. Weitergehend versuche der Drogenabhängige, ohne Berücksichtigung von Konsequenzen, die Substanz zu erlangen (vgl. drogen-wissen.de 2019).

Die physische Drogenabhängigkeit sei die eigentliche Suchtkrankheit. Die Abhängigkeit ist nach Drogen-Wissen ein Anpassungszustand, bei welcher sich bei geringem Konsum oder Absetzen der Droge körperliche Störungen äußern würden. Diese körperlichen Störungen nennen sich Absistenz- oder Entzugssyndrom, in der Umgangssprache besser bekannt als Entzugserscheinungen. Des Weiteren zeichne sich die physische Abhängigkeit durch eine Toleranzsteigerung aus. Darunter verstehe man, dass der Abhängige eine höhere Dosis der Droge zu sich nehmen müsse, um die gleiche Wirkung zu erfahren (vgl. ebd).

3. Trias der Entstehungsursachen einer Drogenabhängigkeit

Die Frage nach den Ursachen zu einer Entstehung einer Drogenabhängigkeit ist nicht leicht zu beantworten. Es sei nur sehr selten oder gar nicht möglich zu belegen, was konkret zu solchen Umständen führe. Zurückzuführen sei dies auf die Individualität der Einflussfaktoren einer Abhängigkeit (vgl. Werner Stangl-taller 2019). Es gebe jedoch verschiedenste Erklärungsansätze, aus unterschiedlichen Wissenschaftsdisziplinen wie z. B. Psychologie, Soziologie, Genetik, Neurologie etc., die versuchen die verschiedenen Ursachen zu analysieren und zu kategorisieren (vgl. suchtschweiz.ch 2013).

Im Folgenden wird das sogenannte Modell der Sucht-Trias thematisiert. Das Suchtdreieck wurde 1973 erstmals vorgestellt. Es zähle zu den bio-psycho-sozialen Ansätzen. Dieser gelte als ein mehrdimensionaler Ansatz und bezieht daher Entstehungsursachen aus verschiedenen Wissenschaften, hier der Psychologie, Soziologie und Biologie (vgl. suchtschweiz.ch 2013). Es basiert auf bereits bestehenden Theorien aus verschiedenen Wissenschaftsbereichen und kategorisiert die jeweiligen Ergebnisse.

Der Sucht-Trias befasst sich konkret mit den potentiellen Ursachen von Sucht im Dreieck von Umwelt, Individuum und Substanz. In dem nachfolgenden drei Unterabschnitten werden diese einzelnen Faktoren einer genaueren Betrachtung unterzogen. Da es sich um ein hochkomplexes System handelt, in welchem die Ätiologie einer Sucht stattfindet, sind Überschneidungen der Themengebiete an einzelnen Stellen unvermeidbar.

3.1 Ursachen in dem Individuum

Die Ursachen, die im Individuum gesucht werden und zu einem Entstehen einer Drogenabhängigkeit führen können, sein: genetische Disposition, Persönlichkeitsfaktoren bzw. körperliche Situation, frühkindliche Lebenssituation, Erwartungshaltung und Lebensstil (vgl. suchtschweiz.ch 2013).

Im Folgenden wird der Aspekt des Persönlichkeitsfaktors genauer analysiert. Hierbei spielen unter anderem Aspekte, wie Selbstunsicherheit und Komplexe eine Rolle. Dieser Aspekt geht jedoch überein mit der Wirkung der Substanz auf den Konsumenten. Konsumiert eine Person mit Problemen, wie Selbstunsicherheit oder Komplexen, eine Droge, so sei sie stark gefährdet abhängig zu werden. Das Abhängigkeitspotential, werde primär verursacht, wenn der Konsument in seinem Rausch eine Art Befreiung von diesen negativen Gefühlen verspüre. Schnell könne der Drogenkonsum als eine Lösung angesehen werden. Bei dem Versuch dauerhaft Distanz von diesen Gefühlen zu wahren, bestehe die verstärkte Gefahr zur Entstehung einer Abhängigkeit (vgl. Amlacher-Ukobit 2019).

3.2 Ursachen in der Substanz

Verfügbarkeit, Art und Wirkungsweise, Dosis, Dauer und Intensität der Einnahme sein die wesentlichen Aspekte des Suchtmittels, die potentielle Ursachen einer Drogensucht darstellen (vgl. suchtschweiz.ch 2013).

Es gibt viele verschiedene Suchtmittel mit unterschiedlicher Wirkung auf den Konsumenten. Die Einflussnahme, der Wirkungsweise auf das Entstehen einer Sucht, gilt im Folgenden ein wenig genauer zu betrachten.

Allgemein gebe es zwei übergeordnete Formen des Rausches. Eine, bei der der Konsument ein negatives Gefühl nach dem Konsumieren verspürt, eine andere, bei dem der Konsument ein positives Gefühl nach dem Konsumieren verspürt (vgl. drogen-wissen.-de 2019). Wie im Abschnitt zuvor bereits dargestellt, sei die Wirkung der Droge ein starker Einflussfaktor auf das Entstehen einer Abhängigkeit. Daher sei das Entstehen einer Substanzabhängigkeit zurückzuführen auf den Lustgewinn des Nervensystems eines Konsumenten (vgl. EBD. S.34). Der Konsument verspüre schnell den Drang, dieses Gefühl erneut verspüren zu müssen. Dies sei ein weiterer Einflussfaktor, aus dem sowohl eine physische, als auch eine psychische Abhängigkeit entstehen könne (vgl. suchtschweiz.ch 2013).

3.3 Ursachen in der Umwelt

Die Ursachen in der Umwelt, welche zum Entstehen einer Drogensucht führen können, lassen sich nach dem Trias Modell in zwei Unterpunkte einteilen. Zum einen gäbe es den sozialen Nahraum mit: Suchtbelastung in der Familie, gefährdende Familiensituation, Persönlichkeitsfaktoren, Belastung in Schule, Ausbildung, Beruf und Freizeit, übertragende Konflikte, Partnerschaftsprobleme, Mangel an sozialen Ressourcen, problematischer Status in Peergroups u. Sozialen Beziehungen, kritische Lebensereignisse. Zum anderen gäbe es den Unterpunkt Gesellschaft mit: gefährdende Konkurrenz- und Leistungssituation, Mangel am Zukunftsperspektiven und Alternativen, Konsumorientierung, Werte und Lebensweisen, Drogenkultur, Geschlechtsspezifische Sozialisation (vgl. suchtschweiz.ch 2013).

Ein dabei aufgeführter Aspekt, der in mehreren Theorien aufgegriffen wird, ist eine Suchtbelastung in der Familie. Dieser Punkt geht oftmals überein mit dem Aspekt frühkindliche Lebenssituation.

Im Kindesalter gäbe es viele potentielle Quellen, die dazu führen könnten, dass eine Person im späteren Verlauf ihres Lebens dazu neige Drogenabhängig zu werden. Eine solche potentielle Quelle könne sein, dass ein Kind in einem Elternhaus aufgewachsen ist, indem Drogen missbraucht wurden. Viele Studien konnten belegen, dass ein solches Kind ein doppelt so hohes Risiko habe, selber Drogen zu missbrauchen (vgl. Schmidt 1997, S. 113). Somit würde das Aufwachsen eines Kindes in einer suchtbelasteten Umgebung ein erhöhtes Risiko darstellen, eine Drogenabhängigkeit zu Entwickeln.

Ein anderer starker Einflussfaktor, der eine starke Verbindung mit dem ersten Punkt aufweist, sei die Drogenkultur im jeweiligen Milieu. Dies heiße, wie eine Droge in der jeweiligen Gesellschaft bewertet wird (vgl. drogen-wissen.de 2019). Jedoch könne bereits das kleine persönliche Umfeld ein folgenschwerer Einflussfaktor sein. Die Extremformen sein, dass in manchen Kreisen Drogen verboten sind und der Konsum oder der Konsument nahezu verachten werden. Dies führe laut Sucht Hilfe zu einem geringen Potential zum Ausbilden einer Drogenabhängigkeit. Wohingegen es in manchen Kreisen nahezu Gewohnheit zu sein scheint gefährliche Drogen zu konsumieren. Es zeige sich, dass man in einem solchen Kreis, stärker gefährdet sei, in diese Gewohnheit zu verfallen und eine Drogensucht auszubilden, als in dem ersteren genannten Umfeld (Suchthilfe, XII/19 2019). Das lege unter anderem daran, dass man als dort lebende Person, kein anderes Verhalten kenne und womöglich, wie es in den „Sieben Regeln gegen Sucht und Gewalt" festgehalten ist, kein „vernünftiges Vorbild" habe, an dem sich ein Kind orientieren kann (ebd).

4. Christiane F.- Ursachen zur Entstehung ihrer Drogensucht

Christiane F. ist die Protagonistin in der von ihr verfassten Erzählung „Wir Kinder vom Bahnhof Zoo". Sie erzählt über ihr Leben als Drogenabhängige Jugendliche. Und beschreibt Wiese mit Drogen wie Nikotin anfängt und über Haschisch und Alkohol, zu Pillen, bis zu Heroin gelangt. Aus einem Ausprobieren wird eine psychische Drogenabhängigkeit, die im späteren Verlauf zu einer physischen Abhängigkeit voranschreitet. Dieser Verlauf der Drogenabhängigkeit ist einerseits zurückzuführen auf die nötige Toleranzerhöhung zum gewollten Verspüren eines Lustgefühls. Andererseits wurde die Entstehung und dieser Verlauf der Abhängigkeit auch durch andere Faktoren beeinflusst.

Im Folgenden gilt es zu analysieren, was konkret zur Entstehung Christianes Drogenabhängigkeit geführt hat. Beim ersten Lesen der Erzählung wird bereits deutlich, dass es viele Faktoren gibt, die diesen Verlauf ihres Lebens begünstigt haben.

Eine wesentliche Ursache stellt die frühkindliche Lebenssituation da, die sich nach dem Suchttrias in eine Ursache im Individuum einordnen lasse (vgl. suchtschweiz.ch 2013). An dieser Stelle gilt es die Vergangenheit mit ihrem Vater darzustellen.

Christiane hat Angst vor ihrem Vater, der seine Wut nicht kontrollieren kann und oft handgreiflich wird. So wird nicht nur Christiane, sondern auch ihre jüngere Schwester, des Öfteren von ihrem Vater geschlagen (vgl. Felscherinow, 1978 S. 15). Sie beide weinen oft und trauen sich, wie Christiane selber beschreibt, aus Angst kaum noch zu handeln (vgl. ebd.). Die Zeit, in der sie mit ihrem Vater zusammen leben, ist somit von Angst und Schlägen geprägt und belastet Christiane noch nachdem ihr Vater bereits ausgezogen ist. Im Zusammenhang mit dem nächsten Aspekt zeigt sich, dass Christiane versucht Distanz von diesen Gefühlen zu wahren und somit anfängt Drogen als Fluchtmittel zu missbrauchen (vgl. Felscherinow, 1978 S. 52).

Der folgende Aspekt lässt sich nicht eindeutig in einen Bereich des Suchttrias einordnen, denn er weist sowohl Ursachen aus dem Bereich der Umwelt, als auch der Substanz auf. Ausgeführt werden soll die häusliche Situation.

Allgemein lässt sich sagen, dass Christiane sehr unter ihrer häuslichen Situation leidet. Um dies besser verstehen zu können, wird kurz das Verhältnis zu dem Lebensgefährten von Christianes Mutter dargestellt, denn dieses hatte weitreichende Folgen auf das Entstehen von Christianes Drogensucht. Christiane und Klaus haben kein gutes Verhältnis zueinander. Sie beschreibt ihn als „unheimlich" und sagt, er stünde immer zwischen ihrer Mutter und ihr selber (vgl. Felscherinow, 1978 S. 36). Außerdem kann Christiane Klaus aufgrund des großen Altersunterschiedes zwischen ihm und ihrer Mutter, nicht akzeptieren, wodurch es zwischen den beiden oft zu Streit kommt. Christiane reagiert immer sehr aggressiv, was bedingt sein kann durch die Vergangenheit mit ihrem Vater (vgl. ebd.). Sie merkt, dass ihre Mutter ebenfalls unter dem schlechten Verhältnis leidet, und fühlt sich schuldig (vgl.Felscherinow, 1978 S. 35). All dies belastet Christiane sehr, bis sie anfangt Haschisch zu konsumieren, um sich von ihrem stressigen Alltag abzulenken (vgl. Felscherinow, 1978 S. 52). Dieser Punkt geht wie bereits erwähnt mit der Wirkung der Substanz überein, denn sie empfindet ein Lustgefühl während des Rausches, was schnell dazu führt, dass die Droge erneut als ein Fluchtmittel für Christiane dient. „Ich musste mich immer irgendwie antörnen. Ich war ständig im totalen Tran. Das wollte ich auch, um nicht mit dem ganzen Dreck in der Schule und zu Hause konfrontiert zu werden." (vgl. ebd.). Durch das bereits ständig auftretende Bedürfnis nach dem Konsum der Droge, wird hier deutlich, dass Christiane zu diesem Zeitpunkt bereits eine psychische Drogenabhängigkeit aufweist.

Eine weitere schwerwiegende Ursache, vielleicht die schwerwiegendste Ursache zur Entstehung Christianes Drogenabhängigkeit, ist ihr Bedürfnis nach Anerkennung. Denn der Versuch Anerkennung von den Mitgliedern ihrer Clique zu erlangen geht einher mit dem Konsum von weichen Drogen und Medikamenten. Christiane konsumierte erstmals Haschisch aus Angst an Anerkennung zu verlieren. „Mir war klar, dass ich nun […], nicht Nein sagen konnte."(Felscherinow, 1978 S. 46). Im späteren Verlauf beginnt sie, erneut wegen der erwünschten Anerkennung LSD zu konsumieren. „Ich dachte, wenn ich erst wirklich auf Pille gewesen sei, dann gehörte ich total zu den anderen." (Felscherinow, 1978 S. 53). Weiterführend zeigt sich jedoch, dass die Anerkennung in ihrer Clique nach einer Weile nicht mehr reicht. Christiane will mehr Anerkennung und die könne sie nur in einer Gruppe Heroinabhängiger erlangen, denn die belächeln Haschisch Konsumenten (vgl. Felscherinow, 1978 S. 82). Es wird deutlich, dass Sie den Konsum von immer härteren Drogen als Aufstieg und Weg mehr Anerkennung zu erlangen ansieht (vgl. ebd.).

An dieser Stelle ist jedoch hinzuzufügenden, dass Christiane nur durch ihre Freunde und die dortige Drogenkultur, durch den Konsum Anerkennung erlangen konnte. Denn Christiane beschreibt selber, dass es unter ihren Freunden nichts ungewöhnliches sei Drogen zu konsumieren (vgl. Felscherinow, 1978 S. 51). Hinzuzufügen ist, dass sie durch den nicht hinterfragten Drogenkonsum ihrer Freunde, schnell auch selber ihre Abneigung gegenüber Drogen verloren hat. Somit ist an dieser Stelle festzuhalten, dass Christianes Freunde einen wesentlichen Einfluss auf das Entstehen ihrer Drogensucht hatten.

4.1 Der Auszug Christianes Schwester

Nach weitreichender Klärung der wesentlichen Ursachen, die in der Erzählung aufgegriffen werden und zur Entstehung Christianes Drogensucht geführt haben, gilt es die gemeinsamen Ursachen in Buch und Film zu analysieren. Hierzu wird zunächst der Auszug ihrer jüngeren Schwester betrachtet.

Christiane und ihre jüngere Schwester leben seit der Trennung ihrer Eltern zusammen mit ihrer Mutter in einer kleinen Wohnung in dem Problemviertel Berlin-Gropiusstadt (vgl. Felscherinow, 1978 S.19). Als ihre Mutter einen neuen Freund kennenlernt, wird die Wohnung zu klein. Auch Christiane und ihre Schwester merken, dass die Wohnung für vier Personen nicht ausreicht. Zudem sind die beiden eifersüchtig auf den neuen Freund ihrer Mutter, weil sie seit Beginn der Beziehung nicht mehr viel Zeit mit ihrer Mutter verbringen können (vgl. Felscherinow, 1978 S. 37). Christianes Schwester fühlt sich verantwortlich für dieses Problem und entscheidet sich nach mehrfacher Überlegung zu ihrem Vater zu ziehen (vgl. ebd.). Als Christiane von dieser Entscheidung erfährt, reagiert sie „laut und aggressiv" (vgl. ebd.). Es ist für sie nicht nachvollziehbar, wie ihre Schwester zurück zu dem Mann gehen kann, von dem sie beide regelmäßig geschlagen wurden. Christiane betont, dass ihre Schwester sie mit dem Umzug verlassen würde und sie nun noch einsamer ist. Mit dem Auszug ihrer Schwester, verliert Christiane ihre wichtigste Bezugsperson, was eine sehr große Belastung für sie darstellt (vgl. Felscherinow, 1978 S.38).

Bei Filmen wird nicht immer nur auf die menschliche Eigenschaft des Sprechens zurückgegriffen. Denn durch die verschiedenen Teile des kinematographischen Codes werden dem Zuschauer auch ohne das Sprechen narrative Informationen vermittelt (vgl. philhist.uni-augsburg.de 2020). Auch in der folgenden Szene, in der Christianes Schwester Auszieht, gelingt dies.

Christiane steht vor dem Sound und hat sich gerade von ihrem ersten Trip übergeben müssen. Der Bildschirm wird durch eine Abblendung schwarz. Nachdem man Christiane aus dem Off „Hallo" sagen hört, wird aufgeblendet und man sieht wie sie gerade nach Hause kommt (vgl. Wir Kinder vom Bahnhof Zoo. Edel 1981, 11:57-12:07). Durch das Aufblenden und Abblenden wird signalisiert, dass ein neues Kapitel des Filmes anfängt. Zusätzlich, wird der Kontrast zwischen ihrem Freizeitleben in der Diskothek, der mit einem Drogenkonsum einhergeht und ihrem Leben zusammen mit ihrer Mutter und Schwester besonders stark hervorgehoben. Dieser Kontrast wird durch Christianes äußerliches Erscheinungsbild verstärkt. Denn sie trägt keine Schminke und auch keine hochhackigen Schuhe mehr, sondern eine Jeans mit einer dunkelroten Jacke und einem hellroten Oberteil.

Als Christiane weiter in den Flur geht, trägt sie ihren Kater auf dem Arm und ihre Schwester kommt aus der Küche. Sie nimmt Christiane den Kater ab und geht Richtung Schlafzimmer. Auffallend ist die Kleidung der beiden Mädchen, denn dadurch heben sie sich deutlich von den grau Tönen im Flur ab (vgl. Wir Kinder vom Bahnhof Zoo. Edel 1981, 12:11). Somit wird signalisiert, dass sie in dem weiteren Verlauf der Szene von Bedeutung sind. Weiterhin wird die Verbundenheit der Schwestern deutlich, durch ihre gemeinsame Interesse an Tieren.

Während Christiane ihre Tasche an die Garderobe hängt, geht ihre Schwester in Richtung Schlafzimmer. Christiane fragt, warum sie heute nicht in der Schule gewesen sei. Durch das Nachfragen wird der Eindruck erweckt, dass Christiane sich um ihre Schwester sorgt und nicht will, dass sie das Schule schwänzen anfangt. Es entsteht der Eindruck, als wäre Christiane eine normale große Schwester.

Nachdem ihre Schwester ihr antwortet, sie habe ihre Sachen gepackt, geht sie an der Kamera vorbei und verschwindet somit aus dem Bild. Für eine sehr kurze Zeit steht Christiane alleine vor der Kamera. Nach einem Schnitt sieht man, wie ihre Schwester mit dem Rücken zur Kamera steht, den Kater auf dem Bett absetzt und ihre gepackte Tasche auf dem Bett steht. Hierbei übernimmt die Kameraführung Christianes subjektiven Blick. Dem Zuschauer wird das gezeigt, was Christiane sieht. Somit wird eine identifikatorische Nähe zur Hauptperson aufgebaut (vgl. philhist.uni-augsburg.de 2020).

Man hört Christianes Stimme aus dem Off, wie sie geschockt hinterfragt: „Was hast du?". Dann wird Christiane in einem close shot gezeigt, wie sie ins Zimmer tritt und die Tasche sieht. Durch diese Form von Aufnahme gelingt es hervorzuheben, dass Christiane geschockt ist, denn man kann ihr Gesicht deutlich erkennen. Nachdem erneut kurz die Schwester gezeigt wurde, wie sie ihre Tasche fertig packt, wird Christiane in einem close Shot gezeigt, wie sie ihre Schwester zur Rede stellt. An ihrer Mimik ist deutlich zu erkennen, dass Christiane geschockt und sauer ist. Sie fragt, ihre Schwester, ob sie dies täte, weil ihre Mutter einen Freund hat. Ihr schweigen auf diese Frage, kann als Ja gedeutet werden. Aufgrund dessen, dass Christianes Schwester während dieses Ausschnittes mit dem Rücken zur Kamera steht und nicht auf ihre Frage antwortet wird deutlich, dass sie nicht mit Christiane über die Situation reden möchte. Durch die häufige aufnähme in einem close shot, werden Christianes Emotionen für den Zuschauer hervorgehoben. Dies bewirkt, dass er sich besser in die Lage der Protagonistin versetzen kann (vgl. philhist.uni-augsburg.de 2020). In einer kurzen Diskussion versucht sich die Schwester für ihren Auszug zu rechtfertigen, indem sie sagt, so bleibe mehr für Christiane über. Hierbei werden beide in einem Medium Shot dargestellt, wie sie sich gegenüberstehen. Christiane antwortet auf die Rechtfertigung und sagt: „Mensch, dass will ich doch gar nicht." Als sie fortfährt: „Ich will, dass du hier bleibst." wird Christiane in einem close shot gezeigt (vgl. Wir Kinder vom Bahnhof Zoo. Edel 1981, 12:27). Somit wird der Satz hervorgehoben und deutlich gemacht, dass es Christine sehr wichtig ist, dass ihre Schwester nicht geht. Durch die Aufnahme im close up, steht die Mimik von Christiane erneut im Vordergrund, was bei dem Zuschauer zur Auslösung von Mitleid führen kann (vgl. philhist.uni-augsburg.de 2020). Ihre Schwester lässt sich jedoch nicht von ihrem Plan abbringen. Daraufhin fragt Christiane sie, ob sie vergessen habe, was ihr Vater ihnen angetan hat. Hierbei wird der Dialog in einem Over-Shoulder-Shot montiert. Hierdurch wird dem Zuschauer der Eindruck vermittelt, als stünde er hinter der Protagonistin und vertrete somit ihre Meinung (vgl. Uni Augsburg 2020). Es wird deutlich, dass ihrer Schwester im Gegensatz zu Christiane, ihrem Vater verzeihen konnte.

Als die Schwester zur Tür geht, wird Christianes Betroffenheit erneut durch einen close shot hervorgehoben, bis sie sich dazu entscheidet ihre zum Fahrstuhl zu begleiten. Als die beiden in einem Medium shot vor dem Fahrstuhl stehend gezeigt werden, fragt Christiane, ob sie es sich nicht nochmal überlegen könne. Daraufhin wird Christiane erstmals in der Szene in einem close up gefilmt. Es ist dadurch deutlich zuerkennen, dass Christine ihre Tränen nur schwer zurückhalten kann (vgl. Wir Kinder vom Bahnhof Zoo. Edel 1981, 13:50). Während ihre Schwester ebenfalls kurz vor dem Weinen in einem close up gezeigt wird, hört man Christiane aus dem Off sagen „Mensch, ich verstehe dich nicht" (vgl. Wir Kinder vom Bahnhof Zoo. Edel 1981, 13:55). Zum Abschied umarmen sich die Schwestern, als eine mysteriöse und bedrohlich wirkende Musik leise im Hintergrund einsetzt. Dieser Ausschnitt ist besonders emotional für beide Schwestern. Durch die Darstellung im close up, gelingt es die sauf den Zuschaue rau übertragen. Dies Musik ist besonders auffällig, da man während der Szene und im Großteil des Films nur sehr natürliche Sounds hört. Durch die Musik wird nun eine mysteriöse Atmosphäre geschaffen und Spannung erzeugt, sodass der Zuschauer wissen möchte, was als nächstes passiert. Es lässt sich jedoch durch die Wahl der Musik vorausdeuten, dass etwas dramatisches passieren wird. Die Musik spielt weiter, als Christiane mit dem Rücken zur Kamera steht und dem Fahrstuhl hinterher guckt. Das zeigt, dass Christiane ihre Schwester bereits vermisst und gerne auf die Zeit mit ihr zurückblickt. Daraufhin wird das Bild, wie zu Anfang der Szene schwarz abgeblendet. Zu Anfang hat dies eine drastische Veränderung in Christianes Verhalten und Aussehen betont. Nun wird jedoch wieder nicht nur deutlich, dass die Szene zu Ende ist, es lässt sich auch vermuten, dass eine Veränderung in Christianes Leben bevorsteht (vgl. philhist.uni-augsburg.de 2020). Somit wird an diesem Punkt betont, dass dieses Ereignis einen negativen Einfluss auf Christiane hat und ihr Entstehen der Drogensucht begünstigt hat.

4.2 Die Beziehung zu Detlef

Christiane und Detlef haben sich in der Diskothek Sound kennengelernt und sind wenig später ein Paar geworden. Jedoch gibt ein ein Problem in der Beziehung, was dazu führt, dass Christiane exzessiv Drogen missbraucht. Im Folgenden soll ausgeführt werden, wie es dazu kam und wie dies in Buch und Film dargestellt wird.

Christiane findet heraus, dass Detlef Heroin konsumieren will. Als sie ihm erklärt, dass er zu jung sei und, dass er lieber mehrere Trips schmeißen solle, hört er nicht zu. Christiane ist sehr besorgt um Detlef und sagt ihm, sie wolle kein Kontakt mehr zu ihm haben, wenn er Heroin konsumiert. Wenige Zeit später erfährt sie jedoch, dass Detlef Heroin gespritzt hat. Sie ist verzweifelt und fühlt sich schuldig, dass sie ihn nicht abgehalten hat. Als die beiden sich am gleichen Abend nochmal sehen, erkennt Christiane ihn kaum wieder. Sie merkt, dass das Verhältnis zu Detlef nicht mehr wie vorher ist und beschreibt, dass alle Gemeinsamkeiten zwischen den beiden verloren sind. Sie beschreibt, dass beide aufgrund des unterschiedlichen Rauschzustandes in unterschiedlichen Welten sein (vgl. Felscherinow, 1978 S. 83) Christiane leidet sehr darunter und möchte die Beziehung und das gute Verhältnis wiederherstellen. Die Lösung dieses Problems sieht sie in dem Konsum von Drogen. Christiane erhofft sich, dass ihre negativen Gefühle verschwinden und sie im gleichen Rauschzustand wie Detlef ist (vgl. ebd.).

Christiane ist in einem Close shot dargestellt, ihre Mimik wirkt enttäuscht. Erst kurz darauf sieht man, wie Detlef einer Frau gegenüber steht und von ihr Heroin kauft. Der Ausschnitt, in dem er das Heroin kauft ist in Zeitlupe dargestellt. Somit gelinge es die schnell ablaufende Handlung für den Zuschauer besser erkennbar und eindrucksvoller zu gestalten (vgl. Filmlexikon Universität Kiel 2012). Außerdem wird hiermit vermittelt, wie traumarisierend dies für Christiane ist. Die Kameraeinstellung bietet einen subjektiven Blick aus der Perspektive der Protagonistin. Hierdurch wird dem Zuschauer ermöglicht, sich besser in die Lage der Hauptperson zu versetzen (vgl. philhist.uni-augsburg.de 2020). Weitergehend auffällig ist, dass die Frau einen langen schwarzen Ledermantel trägt. Dadurch wirkt die Frau gefährlich und einschüchternd. Es lässt sich vermuten, dass ihre äußerliche Erscheinung die Gefahr der Substanz widerspiegelt, mit der sie handelt. Ein anderer Aspekt ist die Wahl der Musik. Denn während Christiane sieht, dass Detlef Heroin kauft, spielt ein Lied in der Diskothek mit dem Text „It's too late". Das heißt ins Deutsche übersetzt, es ist zu spät. Die Musik ist vorausdeutend und zeigt, dass Christianes späterer Versuch, Detlef vom Heroin Konsum abzuhalten, nicht gelingt. Hierbei ist jedoch zu betonen, dass auch wenn die Musik aus dem Off kommt sie sehr natürlich wirkt, da der Schauplatz in einer Diskothek ist.

Im weiteren Verlauf der Szene geht Christiane zu Detlefs Freund Axel, der gerade in dem in der Diskothek integrierten Kino sitzt. Sie erhofft sich Hilfe von ihm, Detlef von dem Konsum abzuhalten. Als Christiane ihn darüber aufklärt, dass Detlef Heroin konsumieren will, zeigt der sich jedoch unbeeindruckt. Christiane ist sehr verwundert und verzweifelt, dass Axel nicht schockiert ist. Dies wird durch eine close up von Christianes Gesicht hervorgehoben, wodurch ihre Emotionen wieder im Vordergrund stehen. Als Christiane Axel erneut darum bittet ihr zu helfen, entgegnet er ihr und fragt warum ausgerechnet er ihn davon abhalten solle. Daraufhin zoomt die Kamera auf Axels Gesicht, bis nur noch seine Augen zu sehen sind. Axels Gesicht wird in einem Low-Key-Stil belichtet. In diesem Moment ist sowohl für die Zuschauer, als auch für Christiane deutlich sichtbar, dass Axel unter dem Einfluss von Heroin steht. Die Farbgebung während dieses Ausschnittes im Kino ist natürlich, somit jedoch durch dunkle Töne wie schwarz dominiert. Dadurch assoziiere der Zuschauer Dinge wie Trauer, Tod und das Ende (vgl. Jolie.de 2020). Dies findet sich wieder in der Beleuchtung von Axels Gesicht, der dadurch angsteinflößend auf den Zuschauer wirkt. Dies soll die Auswirkungen und Folgen von Heroin veranschaulichen.

Christiane wirkt so schockiert, dass sie kaum noch mitbekommt, das Axel sagt, sie solle auch was nehmen und sich beruhigen. Daraufhin sucht Christiane Detlef bei den Toiletten, als eine mysteriöse Musik einsetzt. Bei dem Zuschauer wird damit eine Spannung aufgebaut. Es stellt sich die frage, ob Christiane es noch schafft Detlef von dem Konsum abzuhalten. Als Christiane gerade die Treppe zu den Toiletten heruntergeht, sieht man die Tür der Männertoilette. Es wird der gold leuchtende Buchstaben H, der als Beschriftung der Männertoilette auf die Tür gesprüht ist, in einer Nahaufnahme gezeigt. Das H hebt sich durch die Farbe deutlich vom schwarzen Hintergrund ab. Mit diesem Buchstabe assoziiert Christiane Heroin, da H (Englisch gesprochen Äitsch) in der Drogenszene die Abkürzung für Heroin ist (vgl. Felscherinow, 1978 S. 53). Die auffällige Hervorhebung einer Farbe, ist selten in dem sonst durch dunkle Töne dominie-

renden Film. Somit wird dem Zuschauer verdeutlicht, dass die folgende Szene von gro-
ßer Bedeutung ist. Andererseits wird durch den Farbkontrast die Verlockung des Hero-
ins beschrieben. Es wirkt wie etwas schönes neben dem tristen Hintergrund, der das Leben darstellt.

Als Detlef nach kurzer Zeit aus der Toilette kommt ist somit klar, dass er Heroin
konsumiert hat. In einem close shot von Detlef wird dies, aufgrund seiner vergrößerten
Pupillen und seines unbeeindruckten Gesichtsausdrucks, für den Zuschauer deutlich
sichtbar. Detlef ist nicht interessiert daran, mit Christiane zu reden und geht daher ohne
ein Wort zu sagen von ihr weg. Hier ist zu merken, dass Christianes und Detlefs Kom-
munikation problematisch ist. Aus Frustration läuft Christiane daher zu der Frauentoilet-
te und holt mehrere Pillen aus ihrer Jackentasche, schaut sie sich an und spült sie mit
Leitungswasser runter. Die Kamera steht dabei neben Christiane und filmt in den Spie-
gel. Für den Zuschauer wird der Eindruck erweckt, als würde er neben Christiane stehen
und mit seinen eigenen Augen sehen, dass sie Pillen schluckt. Somit wird er in das Ge-
schehen einbezogen und fühlt sich der Protagonisten näher(vgl. philhist.uni-augsburg.de
2020). Die Hintergrundmusik erschafft eine dramatische Atmosphäre und bestätigt für
den Zuschauer, dass dieses Ereignis gravierende Folgen auf Christianes Drogensucht
hat.

5. Fazit

Unter dem Aspekt der Drogenabhängigkeit, befasste sich diese Ausarbeitung im genaueren mit der Ätiologie einer Drogenabhängigkeit. Somit war das Ziel herauszuarbeiten, was zur Entstehung einer Drogenabhängigkeit führt. Speziell befasste sich die Ausarbeitung mit der Ätiologie der Drogensucht von der Protagonistin aus der Erzählung „Wir Kinder vom Bahnhof Zoo".

Im ersten Abschnitt konnte festgehalten werden, das der Begriff „Sucht" heutzutage nicht mehr politisch korrekt ist und somit abgelöst wurde von dem Begriff der Abhängigkeit. Daraufhin wurde herausgearbeitet, dass sich eine Abhängigkeit in zwei Arten unterteilen lässt. Zum einen in eine psychische Drogenabhängigkeit, zum anderen in eine physische Drogenabhängigkeit.

Weiterführend wurde gezeigt, dass die Berücksichtigung von mehreren Faktoren und ihren Wechselwirkungen essentiell zur Klärung der Sucht Ätiologie ist. Das Trias Modell ist eine Theorie, die dieses tut und ist somit nicht zu Unrecht eine der anerkanntesten Theorien im Bereich der Sucht Ätiologie. Das Modell befasst sich mit den umfangreichen Wirkfaktoren einer Drogenabhängigkeit im Dreieck Individuum, Umwelt und Subtanz. Anhand dieser Aspekte wurden spezifische Beispiele herausgearbeitet und eine Basis für die Analyse der Entstehungsgründe von der Drogensucht der Protagonistin geschafft. Hierbei wurde festgestellt, dass dies nicht auf ein bestimmtes Ereignis zurückzuführen ist. Denn es handelt sich um eine Vielzahl miteinander verknüpften Problemen in ihrem Leben. Nicht nur um einen Aspekt, der in dem Trias Modell aufgegriffen wurde, sondern um mehrere Ursachen, aus allen drei Bereichen des Trias. Im allgemeinen wurde anhand dieses Beispiels die Multikausalität einer Drogensucht veranschaulicht. Weitergehend konnte anhand der Filmanalyse gezeigt werden, dass es auch ohne den Gebrauch von Sprache gelingt einen narrativen Überblick über eine Handlung zu geben.

Da nun besser nachvollziehbar ist, welche Ursachen eine Drogensucht begünstigen, ist es im Vorfeld einfacher Maßnahmen gegen die Entstehung einzuleiten. Das heißt, diese Ausarbeitung liefert eine Basis für Präventionsmöglichkeiten. Weiterführend könnte sich mit Oberthemen wie Folgen und Auswirkungen einer Drogensucht und Therapiemöglichkeiten einer Drogensucht befasst werden.

6. Literaturverzeichnis

Monografien

Felscherinow, Christiane (1978): Wir Kinder vom Bahnhof Zoo. Berlin, Carlsen Verlag.

Hengelmolen-Greb, Anke (2015): Evidence Based Practice (EBD) in der neurologischen Rehabilitation. Frankfurt, Urban&Fischer.

Schmidt, Lothar. (1997): Alkoholkrankheit und Alkoholmißbrauch 4. Auflage. Stuttgart, Kohlhammer.

Artikel in Zeitschriften

Suchthilfe (2019): Ausgabe XII/19, Suchtprävention; Sieben Regeln gegen Sucht und Gewalt.

Filme

Edel, Uli (1981): Christiane F. - Wir Kinder vom Bahnhof Zoo, Deutschland: Solaris Film.

Internetquellen

Amlacher-Ukobitz, Karoline (2019): Praxis für Psychotherapie und Psychologie. Online unter: https://www.psychologin.co.at/abhaengigkeit-sucht.html (aufgerufen am 15.12.2019).

Drogen-Wissen (2009): Abhängigkeit. Online unter: http://www.drogen-wissen.de/DRUGS/DW_GE/impressum.shtml (aufgerufen am 28.03.2020).

Universität Kiel (2012): Filmlexikon. Online unter: https://filmlexikon.uni-kiel.de/index.php?action=lexikon&tag=det&id=723 (abgerufen am 28.03.2020).

Freie Universität Berlin (2020): Filmische Erzählung. Online unter: https://www.geisteswissenschaften.fu-berlin.de/v/littheo/literaturtheorien_interaktiv/lernkurs_-narratologie/filmnarratologie/grundlagen/grundlagen_04.html (abgerufen am 29.03.2020).

Jolie (2020): Farbbedeutung. Online unter: https://www.jolie.de/leben/farben-bedeutung (aufgerufen am 28.03.2020).

Philhist Uni Augsburg (2020): Online unter: https://www.philhist.uni-augsburg.de/lehrstuehle/anglistik/literaturwissenschaft/downloads/filmanalyse.pdf (abgerufen am 20.03.2020).

Praxis für Psychotherapie und Psychologie (2019): Grundlagen und Ursachen, Online unter: https://www.psychologin.co.at/abhaengigkeit-sucht.html (aufgerufen am 28.03.2020).

Stangl, Werner (2019): Werner Stangls Arbeitsblätter. Online unter: https://arbeitsblaetter.stangl-taller.at/SUCHT/Aetiologie.shtml (aufgerufen am 15.12.2019).

Sucht Schweiz (2013): Theoretische Grundlage der Suchtprävention. Online unter: https://www.suchtschweiz.ch/fileadmin/user_upload/DocUpload/Theoretische-Grundlagen-der-SuchtPraevention.pdf (aufgerufen am 28.03.2020).

World Health Organization (1994): Lexicon of alcohol and drug terms. Online unter: https://apps.who.int/iris/bitstream/handle/10665/39461/9241544686_eng.pdf;jsessionid=F83CEF415C0F49E8030AF1EC9E35408E?sequence=1 (aufgerufen am 28.03.2020).

BEI GRIN MACHT SICH IHR WISSEN BEZAHLT

- Wir veröffentlichen Ihre Hausarbeit, Bachelor- und Masterarbeit

- Ihr eigenes eBook und Buch - weltweit in allen wichtigen Shops

- Verdienen Sie an jedem Verkauf

Jetzt bei www.GRIN.com hochladen
und kostenlos publizieren